Bibliografische Information der Deutschen Nationalbibliothek:

Die Deutsche Bibliothek verzeichnet diese Publikation in der Deutschen National-bibliografie; detaillierte bibliografische Daten sind im Internet über http://dnb.d-nb.de/ abrufbar.

Impressum:

Copyright © 2019 GRIN Verlag
Druck und Bindung: Books on Demand GmbH, Norderstedt Germany
ISBN: 9783346036940

Dieses Buch bei GRIN:

https://www.grin.com/document/499932

Sascha Lang

Erstellung eines einfachen Internetforums basierend auf einer MySQL-Datenbank und PHP

GRIN Verlag

GRIN - Your knowledge has value

Der GRIN Verlag publiziert seit 1998 wissenschaftliche Arbeiten von Studenten, Hochschullehrern und anderen Akademikern als eBook und gedrucktes Buch. Die Verlagswebsite www.grin.com ist die ideale Plattform zur Veröffentlichung von Hausarbeiten, Abschlussarbeiten, wissenschaftlichen Aufsätzen, Dissertationen und Fachbüchern.

Besuchen Sie uns im Internet:

http://www.grin.com/

http://www.facebook.com/grincom

http://www.twitter.com/grin_com

Erstellung eines einfachen Internetforums basierend auf einer MySQL-Datenbank und PHP

Assignment um das Modul DBA20
(Datenbanksysteme) abzuschließen.

vorgelegt von

Sascha Lang

Studiengang: Wirtschaftsinformatik - Bachelor of Science (B. Sc.)

Ludwigsburg, 15.06.2019

Inhaltsverzeichnis

1. Einleitung

1.1.   Relevanz des Themas

In der Gesellschaft des 21.Jahrhunderts ist es nahezu unmöglich sich dem Einflussbereich von Datenbanken zu entziehen. Egal ob an der Kasse im Supermarkt der Barcode unserer Produkte gescannt wird, um den Preis zu ermitteln, unsere Gehaltsabrechnung vom Arbeitgeber erstellt wird oder wir uns bei einem Streaming-Dienst anmelden, um unsere neue Lieblingsserie anzuschauen. Ständig arbeiten Datenbanksysteme im Hintergrund und ermöglichen es uns die Vorteile des digitalen Zeitalters zu nutzen. Eines der weltweit verbreitetsten Datenbankverwaltungssysteme ist MySQL bzw. die daraus abgespaltene Weiterentwicklung MariaDB welche weitgehend kompatibel mit MySQL ist.[1] In Zusammenarbeit mit der serverseitigen Websprache PHP kann die gesamte Bandbreite von Einsteigerübungen bis hin zu großen Projekten im Bereich Datenbanken mit Weboberfläche abgedeckt werden. Daher ist es sehr zu empfehlen sich im Studiengang Wirtschaftsinformatik mit dem Team aus MySQL und PHP auseinander zu setzen und die Grundlagen für einen späteren beruflichen Einsatz zu schaffen.

1.2.   Ziel der Arbeit

Das Ziel dieser Arbeit gliedert sich in zwei Bereiche. Zum einen soll ein einfaches Internetforum auf der Basis von PHP und MariaDB erstellt werden und dabei auch eine Weboberfläche zur Administration zur Verfügung gestellt werden.
Des Weiteren soll die Modellierung der Datenbank, sowie die technische Umsetzung der Datenbank und der Weboberfläche dokumentiert und die verwendeten Programme und Tools kurz vorgestellt werden.

---

[1] vgl. www.informatik-aktuell.de 2016

1.3. Aufbau der Arbeit

Zunächst werden die verwendeten Programme und Werkzeuge kurz vorgestellt. Anschließend wird auf die Modellierung der Datenbank und deren technische Umsetzung eingegangen. Die in PHP geschriebenen Weboberflächen werden im vierten Kapitel beschrieben und danach das Assignment mit einer kritischen Reflexion und einem Ausblick auf die mögliche Weiterentwicklung des Forums abgeschlossen.

1.4. Kurzdarstellung XAMPP

XAMPP ist ein Paket aus verschiedenen Programmen, dass eine möglichst leichte Installation und Konfiguration eines Webservers ermöglichen soll. Das Paket beinhaltet aktuell **A**pache, **M**ariaDB, **P**HP, **P**erl und einige weitere Programme, wobei die genannten Teile zur Namensgebung von XAMPP mit Ihren Anfangsbuchstaben beitragen. Das „X" in XAMPP steht für die Verfügbarkeit von XAMPP auf verschiedenen Betriebssystemen (Windows, Linux, OS X). Es wird von der Gemeinschaft „Apache Friends" gepflegt und veröffentlicht.[2] Alle Teile des Pakets sind Open Source, kostenlos, funktionieren stabil und weltweit etabliert.

1.4.1. Apache HTTP Server

Apache HTTP Server ist eine Webserver-Software. Der Webserver unterstützt Scriptsprachen wie PHP und Perl und ermöglicht so die Erstellung und Darstellung dynamischer Webseiten. Zwischen 1996 und 2014 war Apache der weltweit mit Abstand am meisten verwendete Webserver im Internet, doch in den letzten Jahren neigt sich der Markt zu einer Gleichverteilung zwischen Microsoft, nginx und Apache.[3]

1.4.2. MariaDB bzw. MySQL

MySQL ist ein Datenbankmanagementsystem, dass vom Unternehmen MySQL AB entwickelt wurde. Inzwischen gehört MySQL zur Firma Oracle Corporation, die bei der Weiterentwicklung neuer Funktionen vorzugweise auf die kommerzielle Version von MySQL konzentriert. Außerdem schottet sich Oracle Zusehens von der Open Source Community ab, was dazu geführt hat, dass die von MySQL abstammende

---

[2] vgl. www.apachefriends.org 2019

[3] vgl. www.news.netcraft.com 2019

MariaDB weite Verbreitung fand. MariaDB ist vom selben Entwickler-Team wie MySQL und sozusagen die garantiert freie Weiterentwicklung von MySQL im Gegensatz zum Weg den Oracle mit dem Produkt geht. Heutige große Anwender sind unter anderem Wikipedia und Google.[4] XAMPP ersetzte im Oktober 2015 MySQL durch MariaDB. Da sich in der grundsätzlichen Nutzung beider DBMS keine Änderungen ergeben haben, spricht man in der Literatur und auch allgemein weiterhin gerne von MySQL obwohl konkret tatsächlich oft mit MariaDB gearbeitet wird.[5]

1.4.3. PHP (**P**HP: **H**ypertext **P**reprocessor)

PHP ist eine für den allgemeinen Gebrauch bestimmte serverseitige Skriptsprache. Sie wird hauptsächlich für Webprogrammierung eingesetzt und kann in HTML eingebettet werden. Um die PHP-Programme serverseitig in HTML-Code wandeln zu können, muss auf dem Webserver auch das PHP Paket installiert sein.[6]

1.4.4. phpMyAdmin

phpMyAdmin ist ein Weboberflächen-Tool zur Administration von MySQL bzw. MariaDB Datenbanken. Es ermöglicht eine komfortable Pflege und Erweiterung von bestehenden Datenbanken.[7]

1.4.5. XAMPP Control Panel

Mit Hilfe des XAMPP Control Panels lassen sich der Apache- und der MariaDB Server starten und konfigurieren. Der Einsatz des Control Panels ist Grundvoraussetzung um mit dem DBMS arbeiten und die PHP Programme testen zu können.

1.5. Kurzdarstellung MySQL Workbench

MySQL Workbench ist ein Datenbank-Modellierungswerkzeug, mit dem sich Entity-Relationship-Diagramme für MySQL oder MariaDB erstellen lassen. Das Tool

---

[4] vgl. mariadb.org 2019

[5] vgl. VALADE 2018, S.34

[6] vgl. www.php.net 2019

[7] vgl. www.phpmyadmin.net 2019

unterstützt beim Design neuer und der Pflege bestehender Datenbanken.[8] Es ist nicht im XAMPP Paket enthalten und muss deshalb zusätzlich installiert werden.

2. Datenbank Erstellung für das Internetforum

2.1. Datenbank Modellierung

Bei der Modellierung der relationalen Datenbank für das Internetforum wurde die Datenstruktur in 3 Entitätstypen aufgeteilt, die sich jeweils auf ein eng abgerenztes Thema beziehen. Alle Entitätstypen verwenden als Primärschlüssel ihre jeweilge ID und als Fremdschlüssel nur die IDs der anderen Entitätstypen. Auf diese Weise wurde eine redundante Datenhaltung verhindert, was zur besseren Pflege und Leistungsfähigkeit der Datenbank beiträgt. Das Datenbank-Modell ist damit bereits normalisiert und entspricht der dritten Normalform.[9]

Der Entitätstyp „benutzer" enthält alle Merkmale, wie Nickname, Vorname, Nachname, Passwort (md5 verschlüsselt) und Email-Adresse, die ausschließlich direkt dem Benutzer zugeordnet werden können. Dazu kommen die Attribute „Administrator" und „gesperrt", welche als „Flag" dienen, um dem Benutzer die entsprechenden Rechte geben bzw. entziehen zu können.

„thema" ist der Entitätstyp, welcher das einzelne Thema im Forum vertritt. Er enthält den Titel der Diskussion, den Zeitstempel wann er angelegt wurde und die ID des Benutzers der das Thema angelegt hat. Auch „thema" hat ein Flag-Attribut, es heißt „beendet" und kann verwendet werden um keine weiteren Beiträge zum Thema mehr zuzulassen.

Der Entitätstyp „beitrag" enthält die einzelnen Diskussions-Beiträge, zusammen mit dem Erstellungszeitstempel sowie der Benutzer- und Thema ID der dem Beitrag zuzuordnen ist.

Die Assoziationen zwischen den Tabellen in der Abblidung 1 geben 1:n Beziehungen an. Dahinter steht folgende Bedeutung: Ein Benutzer kann beliebig viele Themen und Beiträge generieren und beliebig viele Beiträge können einem Thema zugeordnet werden. Umgekehrt kann ein Beitrag nur genau zu einem Benutzer und einem Thema gehören, sowie ein Thema genau zu einem Benutzer zuzuordnen ist.

---

[8] vgl. www.mysql.com 2019
[9] vgl. KLUG 2012, S.15

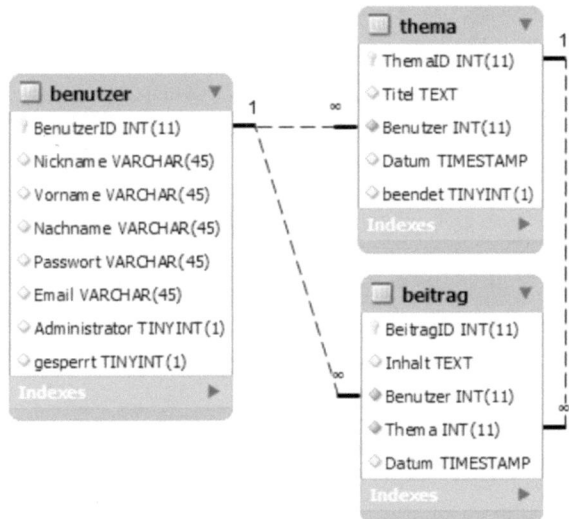

Abbildung 1: UML Modell des Internetforums

2.2. Technische Umsetzung der Datenbank

Nach der Installation und Konfiguration von XAMPP und MySQL Workbench wurde mit Hilfe des „EER-Diagram" Bereichs in MySQL Workbench die Datenbank „internetforum" komfortabel über die grafische Benutzeroberfläche erstellt. Dabei konnten direkt die Attributeigenschaften wie Datentyp, Primärschlüssel, Fremdschlüssel, Pflichtfelder („Not Null"), Autoinkrement und Anzahl der möglichen Zeichen definiert werden. Das Ergebnis dieser Modellierung ist in Abbildung 1 zu sehen. Als nächstes wurde mit der MySQL Workbench Methode „Forward Engineering" das logische Datenbankmodell in das physische Datenbankschema überführt. Dazu wird zuerst eine Verbindung zum MariaDB Server aufgebaut, anschließend werden vom Tool die SQL Befehle generiert, die notwendig sind, um die Datenbank auf dem MariaDB Server anzulegen. Dieses SQL Programm kann eingesehen, gespeichert und falls nötig angepasst werden. Nach dem Ausführen des generierten SQL Codes durch MySQL Workbench ist die Datenbank auf dem Server verwendbar.

Um bei der Erstellung der PHP Programme Datensätze zum Anzeigen und Ausprobieren zu haben, wurde abschließend die Datenbank über phpMyAdmin mit einigen Übungsdatensätzen gefüllt.

3. PHP Programme für das Internetforum

Für die Erstellung der Weboberflächen wurde der Editor „EditPlus" eingesetzt. Er unterstützt den Programmierer durch einfärben und einrücken des Quellcodes bietet aber keinen Debug-Modus und auch keine Unterstützung bei der Fehlersuche. Als Basis und zur Orientierung für die Erstellung von PHP-Seiten dienten Programmbeispiele aus Akad Studienheft[10] und Fachliteratur[11] .

3.1.   Weboberfläche des Forums

Es wurde zunächst eine Begrüßungsseite eingerichtet (start.php) auf der die Besucher empfangen werden. Über einen Link gelangt man auf die Seite forum.php, die die Übersicht aller Themen bereit hält und ein Formular (neues_thema.php) beinhaltet mit dem neue Themen angelegt werden können. Per SQL-Abfrage werden im Hintergrund die Daten der Themen und der Benutzer aus der Datenbank abgerufen und auch bei der Eingabe erfolgt die Prüfung von Nickname und Passwort sowie das Speichern des neuen Themas per SQL-Befehl. Die Titel der Themen sind als Link so ausgeführt, dass der Link die Seite thema.php öffnet und dabei die ID des Themas per GET-Methode über die URL übergibt.

Analog zur Seite forum.php werden auf der Seite thema.php alle Beiträge zum ausgewählten Thema angezeigt und es wird ein Formular angeboten um einen neuen Beitrag zu verfassen.

Zusätzlich verfügen die Seiten start.php, forum.php und thema.php noch über einen Link der zu einem Anmeldeformular für neue Mitglieder führt. Um das umfangreichere Formular in der Programmierung etwas klarer zu strukturieren ist es in die Dateien anmeldung.php, anmeldung_form.php und beschr.php aufgeteilt. anmeldung.php prüft die eingegebenen Daten anhand von Regeln die im PHP Script definiert wurden und gibt nötigenfalls Rückmeldung an den Nutzer welche Eingaben nicht in Ordnung waren. Wenn bei der Anmeldung alles richtig ausgefüllt wurde wird ein SQL-Befehl ausgelöst, der den neuen Benutzer in die Datenbank einträgt und eine Willkommens-Mail an die angebene Email-Adresse versendet. Anschließend wird man automatisch auf die Seite neues_mitglied.php weitergeleitet die den Nutzer nochmals mit Namen begrüßt und einen Link zur Startseite anbietet.

---

[10] vgl. THIMM, DBA201

[11] vgl. VALADE 2018

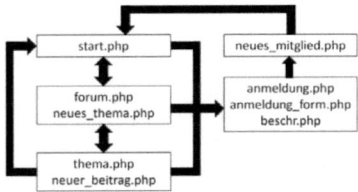

Abbildung 2: Zusammenhänge des Forumsoberfläche

3.2. Weboberfläche des Administratorenbereichs

Alle Dateien die dem Administratorenbereich dienen haben den Dateien-Präfix „admin_". Als Schutzmechanismus wird über eine Session-Variable auf jeder Seite geprüft ob der Nutzer sich bereits als Administrator auf der admin_login.php Seite angemeldet hat. Nur wenn die Anmeldung erfolgreich war hat der Nutzer zugang zu den eigentlichen Administrationsseiten, anderen Falls wird er immer direkt zur admin_login.php Seite weitergeleitet. Die Session-Variable wird dabei Lokal beim Nutzer in einem Cookie des Browsers gespeichert.

Die Strukuren der Seiten admin_forum.php und admin_ thema.php sind von der normalen Benutzeroberfläche abgeleitet und die Darstellung der Themen ist noch um die Informationsanzeige „beendet" erweitert. Die Seite admin_benutzerverwaltung.php funktioniert nach dem selben Prinzip, allerdings werden hier die Falgs für Adminstratoren-Rechte und Benutzersperrung mit angezeigt. Zusätzlich gibt es bei all diesen Seiten zu jedem Datensatz einen „bearbeiten"-Link der mit Hilfe der GET-Methode die entsprechende ID des Datensatzes an die zugehörige „..._bearbeiten"-Seite sendet. Auf den „..._bearbeiten"-Seiten können alle Daten des Datensatzes eingesehen aber nur die Flags verändert werden. Daneben gibt es auch eine „Delete"-Button um den Datensatz aus der Datenbank zu löschen.

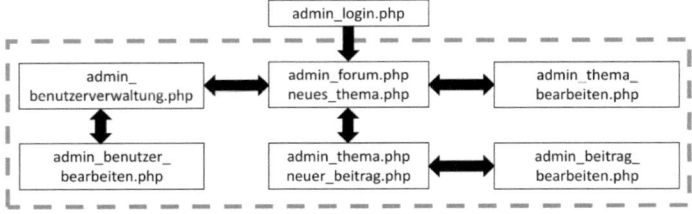

Abbildung 3: Zusammenhänge der Administratorenoberfläche

9

3.3. Hilfsdateien

Neben den in den vorherigen Kapiteln genannten Dateien gibt es noch einige Dateien, die in die PHP-Programme eingebunden werden.

Die Datei zugang.php beinhaltet die Zugangsdaten zum Server sowie den Namen der genutzten Datenbank. Durch den Extrakt dieser Informationen soll die Sicherheit um eine Stufe erhöht werden, weil die sensiblen Daten nicht direkt in der Programm-Datei sichtbar werden.

Alle anderen Hilfsdateien dienen der Formatierung und des Einbindens von Links in die Oberflächen. Der Code wurde in diese Hilfsdateien extrahiert, um die eigentlichen Programmseiten übersichtlich und kompakter gestalten zu können.

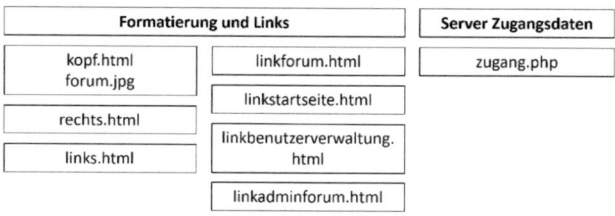

Abbildung 4: Übersicht der Zusatzdateien

4. Schluss

4.1. Zusammenfassung

Es wurde ein einfaches Internet Forum auf der Basis von MariaDB und PHP erstellt, bei dem der geforderte Funktionsumfang vollständig umgesetzt wurde. Darüber hinaus wurden in diesem Assignment die verwendeten Programme vorgestellt, der Aufbau der Datenbank dargestellt und die erstellten PHP Weboberflächen beschrieben.

4.2. Kritische Reflexion der eigenen Vorgehensweise

Das in der Aufgabe beschriebene Ziel „die Erstellung eines einfachen Internetforums" wurde erfüllt, jedoch könnte mit weiterem Aufwand die Sicherheit und der Komfort der Datenbank erhöht werden. So könnte zum Beispiel mit der Session-Funktionalität eine Möglichkeit geschaffen werden, damit sich der Benutzer nur einmal pro Sitzung anmelden muss und nicht für jede Eingabe Nickname und Passwort erneut abgefragt werden. Es könnte zur Steigerung der Sicherheit die Datenübertragung per SSL oder TLS verschlüsselt werden so würde das HTTP-Protokoll zu HTTPS erweitert werden. Aufgrund von fehlender Erfahrung in der PHP Programmierung gestaltete sich die Umsetzung der Basis-Funktionalitäten aufwändiger als erwartet, weshalb von der Implementierung der angesprochenen Verbesserungen abgesehen werden musste.

5. Anhang

Zusätzlich zu diesem Assignment werden alle Dateien der Weboberfläche und der Datenbank mit eingereicht.

Datei	Hinweis
admin_beitrag_bearbeiten.php	
admin_benutzer_bearbeiten.php	
admin_benutzerverwaltung.php	
admin_forum.php	
admin_login.php	Einstiegsseite für den Administrationsbereich
admin_thema.php	
admin_thema_bearbeiten.php	
anmeldung.php	
anmeldung_form.php	
beschr.php	
forum.jpg	
forum.php	
Internetforum.mwb	MySQL Workbench Datei des EER-Diagramms
internetforum.sql	Exportierte Datenbank „internetforum"
kopf.html	
linkadminforum.html	
linkbenutzerverwaltung.html	
linkforum.html	
links.html	
linkstartseite.html	
neuer_beitrag.php	
neues_mitglied.php	
neues_thema.php	
Passwörter.txt	Passwörter der ersten Benutzer-Konten im Klartext, um sich mit Ihnen anmelden zu können
rechts.html	
start.php	Einstiegsseite des Forums
thema.php	
zugang.php	

6. Literaturverzeichnis

https://www.informatik-aktuell.de/betrieb/datenbanken/mariadb-und-mysql-vergleich-der-features.html, 26.07.2016 (abgerufen am 10.06.2019)

https://www.apachefriends.org/de/index.html, 2019 *(abgerufen am 10.06.2019)*

https://news.netcraft.com/archives/category/web-server-survey/, 2019 (abgerufen am 10.06.2019)

https://mariadb.org/about/, 2019 (abgerufen am 10.06.2019)

VALADE, Jane: PHP und MySQL für dummies, 2.Auflage, WILEY-VCH Verlag, 2018

https://www.php.net/manual/de/intro-whatis.php, 2019 (abgerufen am 10.06.2019)

https://www.phpmyadmin.net/, 2019 (abgerufen am 10.06.2019)

https://www.mysql.com/products/workbench/, 2019 (abgerufen am 10.06.2019)

KLUG, Uwe: Datenbankanwendungen entwerfen & programmieren, 2.Auflage, W3L-Verlag, 2012

THIMM, Heiko: Einführung in die Datenbank-Programmierung mit MySQL und PHP, DBA201, Akad Studienheft

7. Abbildungsverzeichnis